EN ESENCIA PIEDRA

ExLibric

ALBA MARCÉ GARCÍA

EN ESENCIA PIEDRA

EXLIBRIC

ANTEQUERA 2025

EN ESENCIA PIEDRA
© Alba Marcé García
Diseño de portada: Dpto. de Diseño Gráfico Exlibric

Iª edición

© ExLibric, 2025.

Editado por: ExLibric
c/ Cueva de Viera, 2, Local 3
Centro Negocios CADI
29200 Antequera (Málaga)
Teléfono: 952 70 60 04
Fax: 952 84 55 03
Correo electrónico: exlibric@exlibric.com
Internet: www.exlibric.com

ISBN: 979-13-87707-42-2
Depósito Legal: MA 635-2025

Impresión: PODiPrint
Impreso en Andalucía – España

Nota de la editorial: ExLibric pertenece a Innovación y Cualificación S. L.

ALBA MARCÉ GARCÍA

EN ESENCIA PIEDRA

Índice

Pero la realidad tiende a aburrirme, y nunca supe pintar,
¡qué mala suerte!
Escribo para crear todas las vidas posibles.

Poética, VERÓNICA DELGADO MAYORDOMO

INTRODUCCIÓN

Este es un poemario sobre las memorias de alguien que no recuerda. Pasan los años y elimino recuerdos para hacer espacio a los nuevos. Así se me han olvidado viajes, discusiones, dramas y cumpleaños. Muchos cumpleaños.

Por suerte, mi excepción es el espacio. De forma inconsciente, he depositado memorias en los lugares que he habitado. El espacio es un jardín de recuerdos, listos para activarse cuando paseo. Algunas memorias se marchitan, pero enseguida renacen con nuevos brotes. Ya no están en mi cabeza y por eso siguen vivas en el cemento, en la piedra, en una parada de metro, en las rejas de un parque, incluso —y esto también es espacio— en las líneas que corren por las manos de una persona.

Los lugares se reescriben con el cuerpo y las emociones. Dice Elizabeth Grosz que la ciudad no se compone solo de músculos y energía de cuerpos, sino también de las posibilidades conceptuales y reflectivas de la propia consciencia (*Feminist Theory and the Body. A reader*, «*Bodies-Cities*», 383). Por eso, al mudarnos, irremediablemente perdemos parte de nuestra identidad, que habitará siempre los adoquines.

La esquina donde me regalaste un libro de los Beatles nunca más será esquina. La estatua hombre-pájaro donde me besaste por primera vez nunca más será estatua. El espacio contiene millones de microhistorias, memorias invisibles hasta que alguien las revive.

Aquí quedan las mías en cuatro lugares que he habitado. Así miro al espacio e intento salvarlas.

BARCELONA

1. Gran Vía de les Corts Catalanes, 412
2. Passeig de Sant Joan, 4
3. Gran Vía de les Corts Catalanes, 465
4. Carrer de Muntadas, 1
5. Carrer de Consell de Cent, 31
6. Carrer de la Bordeta, 13
7. Carrer de Ferlandina, 16

Gran Vía de les Corts Catalanes, 412

CRUZANDO ENTENÇA

No te seguía,
lo juro.
Con ojos de tráfico
y pasos de escarcha,
la que te acechaba en la otra acera
no era yo.

Era una octogenaria
que duerme
en mi vello púbico
y camina para matar
la ansiedad
que le provocas.

Era la parte de mí
que sabe que te encontrará,
porque soy
medio bruja
y medio enferma mental.

No era tu momento,
pero ahí estabas.
Y sé a dónde ibas,
por qué sonreías,
a quién escuchabas,
la categoría de porno
con la que te tocaste
hacía cinco horas.

Tus datos inútiles
me escuecen bajo las uñas
y tengo tan pocas ganas de olvidarlos…

de olvidarte.

Pero qué importa eso.
Qué importa eso y si de verdad te seguía o no.
Porque tú no me viste
saltando a la comba
entre tus entradas.

Passeig de Sant Joan, 4

If I survive, I'll dive back in
«Pool», Paramore

Y TÚ COMO PANDEMIA

I. Algún bar de Sant Antoni

La luna tiene quinientos ojos
los diciembres de apocalipsis.
Temblando bajo un abrigo,
soy minúscula
y tú peinas la eternidad
con los dedos.

Me enseñas la nieve
que esconden tus gafas.
No te conozco.
Me abrazas como el silencio
de un lunes tarde;
cocíname rico,
veamos *Forrest Gump*,
follemos.

Y si no has venido a salvarme,
al menos,
lléname de tus inviernos.

II. LA TRIUNFAL

En otra vida
—claramente no en esta—
escribiría sobre
el encuentro en Arc de Triomf.
El día en que entendiste,
por fin,
que soy el confort que buscas
cuando te apuñala
la madrugada.
Pero eso no fue.

Llegaste.
El lápiz con el que te dibujé milenios
se me clavó en la carne.
Busqué tu olor
y encontré ese polvo
que quema la garganta
al abrir una casa de pueblo.
Llevabas,
en la camisa, atoradas
piezas de un puzle viejo:

Yo no sé.
Quizás sí.
Puede que no.

Me desintegró reconocer
algunas semanas
—¿sabes que solo vivimos 4000?—
perdidas en tu espalda.
Chico, me quedas tan lejos…

Así que me acabé las bravas,
tú las croquetas de cocido.
Aquí no ha pasado nada.
Ignoremos
        esos tres segundos de mirarnos
                    y pasarnos todo.

Gran Vía de les Corts Catalanes, 465

MIßING

Me indigna
que los turistas nos profanen,
porque sé que algo nuestro queda
bajo los panots.
Me derramo
por las fosas nasales
que antes te esnifaban,
y me vuelvo estanque
de sesos y bilis,
porque sigo echando de menos a alguien
que nunca tuve.

Dile al portero
de tu edificio modernista
que ¡todavía!
no llego a final de mes
y que me falta tu abrazo,
aunque fueras mis Dr. Martens.
No hay manera más bonita
de aniquilarme los pies.

¿Desde cuándo
soy tan valiente como para
bajarme en Rocafort
y confesarte
que nunca me miras a los ojos,
porque hoy eres un guiri
y mañana
un espejismo?

«Too much love will kill you»,
decía Freddie.
Tú me dejaste famélica,
consolándome con orgasmos
y cucharaditas de eutanasia.
¿Sabes que tu balcón aún me mira
y me mete mano?

Dijiste que no me olvidarías.
Olvidar es fácil,
pero si eres serpiente trepando
los bajantes del Eixample,
¿cuántas vueltas
me doy por Barcelona
hasta no echarte de menos?

Carrer de Muntadas, 1

HASTA LUEGO

Si volvemos a jugar,
que sea en este parque,
porque en tu cuarto
se me funden las vocales
en los bajos
de tu *speaker*
y a ti se te llenan los rizos
de alebrijes.

No sé qué te crees que eres,
aparte de un cuento
realista mágico,
donde un elfo bebe Aperol Spritz
y se carga masculinidades
a cuchilladas.
Cuando te leía, me nacían
orquídeas del esternón.

Si volvemos a jugar,
que sea en este parque,
porque aquí ya no hay mesas
donde plantar
tus esmeraldas
y quiero que mueran.

Carrer de Consell de Cent, 31

«Buscar significa: tener un objetivo.
Pero encontrar significa: ser libre, ser abierto, no tener meta. Tú,
oh, venerable, tal vez seas un buscador,
porque, luchando por tu objetivo,
hay muchas cosas que no ves,
que están directamente en frente de tus ojos».
Siddhartha, HERMANN HESSE

DICIEMBRE A MAYO

Siendo honesta,
lo acabé porque tú no lo harías.
Me habrías lanzado
—me habría dejado lanzar—
mil veces más desde la catedral
de tus lunares
antes de dejarme.
En una caída
me rompí tres costillas.
Tú te reíste.

Masticaste el adiós,
mientras los últimos meses
me temblaban en los labios.
Las noches de *ping-pong*.
El primer beso en el Carmel.
La canción de Coldplay
que te dediqué
en silencio,
porque eras verde a viva voz.
Tus ronquidos
desnudos
y los ángeles
desnudos,
mirándome
desnuda
desde el techo naturalista.
La tienda de tarot
que nos leyó el futuro
—¿qué futuro?—
antes de enseñarme tu balcón.

La noche que rompimos
honoré el significado,
a pesar del significante.

Ya ha pasado un tiempo desde entonces.
Ayer subiste una foto
con las manos limpias
y yo las recordé líquidas,
escalándome como serpiente del Eixample
buscando ser Sant Antoni.

Supongo que lo superaste.
Supongo que te superé.

Carrer de la Bordeta, 13

SWIPE

Me fascina el ataúd gregoriano
que huele
a orgullo y prejuicio
y me lleva al ático.

Fue interesante conocerte, pero

dicen que el suelo hidráulico
es un tesoro.
Solo sé que está roto y que la vecina
me envenenará
con pastel de queso.

No hemos hablado en dos semanas, pero

algunos fines de semana
el sofá es un sapo
gigante que
me engulle y luego
me vomita de mármol.
Hace tanto frío porque es febrero
y esto era una terraza
antes de ser estómago.

Me encanta estar contigo, pero

me paso horas maullándole
a los gatos del entresuelo
e imaginando
la camiseta de Arctic Monkeys
del vecino como trofeo,
cosida a los párpados.

Solo hago que pensar en tu culo, pero

el ataúd ruge
arriba y abajo,
sueño que me aplasta
la autoestima
cada noche.

Creía que estaba listo para una relación, pero

no solo sola,
también mal acompañada.
Sois piel muerta que les raja las venas
a las tuberías del baño.

Carrer de Ferlandina, 16

MALDITOS LOS POETAS

Aunque me lo negaste
treinta y tres veces,
me mentiste.
Disfrazaste cada revés
de metáforas sin pulso.
Ni las escuché
ni me dolían.

Eres tan diferente a los demás,
que, como todos,
me anclaste a ocho semanas
de cariño indiferente.
Luego
volaste a la siguiente estación,
donde atrapar hormigas
que construyan
castillos con tu saliva.

Te imaginé
rompecabezas
y me escociste hasta que te resolví.
Hasta que te entendí.

Los vampiros como tú
no saben contar chistes.
Les da morbo huir y se inyectan
breve comodidad emocional.
Pasan las horas en no lugares,
porque son publicidad falsa.
Las paredes les limitan
y la monotonía
les envenena.

Bonito,
me he tragado cada guerra…,
pero tus lecciones de Borges
aún me devuelven arcadas.

Recuerda que
se me suicidan
versos del flequillo.
Sigue corriendo,
porque en mi sótano
ya no fermentan tus monólogos
y tiré por la ventana
ese último
caldo de verduras.

BONN

Bornheimer Straße

CENIZAS

Se me llena el pecho
de jazmín
solo cuando llaman del hospital.

Nos ampara
sentirnos vivos frente a la muerte.
Enterrarnos
nos hace humanos;
solo los dioses viven para siempre,
y los dioses no existen.
Por eso
glorifico los recuerdos.

Abrazan la inmortalidad.
Materiales
como lápidas,
ligeros
como luciérnagas
que te soplo en el pelo y se te enredan.

Y aquí lo más hermoso:
mi memoria
es
solo
mía.
Te la susurro al oído
y te seduce
en un idioma
que no entenderás.

Mi memoria
es mi dolor.
La primera se asfixia
e intento salvarla
(inútilmente),
llenándome de lo segundo.
No necesito más
que memoria y dolor,
y un descafeinado
que no me empalague la mañana.

Mis recuerdos
no morirán conmigo,
porque me resisto a morir.
No comprendo cómo no existir
y me niego a entender la muerte

(escribo esto desde un cementerio).

Si Bonn todavía existe
en un futuro apocalíptico,
me encontrarán
en la tumba de Schumann,
escucharán mis fracasos
en las cornisas de Beethoven Straße,
y entenderán
cómo tres meses
me regalaron un valor
que, supongo,
me atravesó la columna
cuando me tumbaste en el asfalto.

Ferdinandstraße 1

I. FERDINANDSTRAßE 1

Qué maravilla
confundirte con ventolín
antes de un ataque de pánico.

Yo no soy Alba sin Ohio,
sin llenarme la boca
del sol de abril,
sin un psicólogo puertorriqueño
enseñándome
cuatro acuerdos,
sin los gatos,
sin enamorarme en Ferdi 1.

Pero Ferdi no eras solo tú.
Era una isla
donde se tocaban el sueño americano
y, por alguna razón,
dos gaditanos.
Una noche eterna
alimentándose
del aliento de cuatro gatos
colgados de María.

Allí se entraba y salía
por la ventana.
Un mundo al revés para gente agónica
con una nevera,
pudriéndose a cada minuto,
como tú.

Me bajé en tu parada,
te hablé del nirvana.
Me acariciaste
con tus navajas,
y no lo sabía,
pero lamiéndote los dientes
le partí las piernas al destino.

Abrí muchas puertas en Ferdi 1.
Trece años después
solo he cerrado la mitad.

Recuerdo todo de Ferdi,
menos que una madrugada
me vendaste los ojos
para que no llorara mientras la luna
se tragaba mi carne.

II. Good Riddance

Apuesto a que hueles
la vulnerabilidad
en cada sílaba,
pero concédeme la ocasión,
aunque sea vomitiva.

Nunca te satisfaré
con un cuento sobre tigres,
porque no quiero
y porque nadie odia
mis tatuajes más que tú.

Crees
que necesito tu perdón.
Crees
que eres un mártir
y yo una puta,
porque no es un tópico
que las españolas
son putas
y vagas.

Olvidar o perdonar.
No soy más que una muñeca de trapo
con tu cerebro asomado
entre las muelas.

Después de siete años
poco más puedo esperar.

Lo más gracioso
es que sigo pensándote.
Me queman los celos
por los gatos,
la otra, su depresión,
las lágrimas en la almohada,
la furia, el sexo, tu sonrisa.
En fin.
Si los versos no son puños,
¿para qué seguir?

Como último deseo pido
que no vuelvas a leer a Lorca
y que te hagas papel
con tu perdón en la garganta.
A mí
déjame olvidarte.

FERDINANDSTRAßE 42

Bonn sabe a bretzel
y vagabundos meándose
en Hauptbahnhof.

Mi paraíso
de soledad y salsa los jueves,
con gaditanos
vomitando sinsentidos.

Brötchen.
Pfand.
Parecían palabras.
Parecía un idioma,
era un simulacro de vida.

En Ferdi 42
me arrastré por el pasillo,
porque la incertidumbre
de mi padre pesaba.
Primera vez que me iba,
suponíamos tres meses.
Spoiler: fueron siete años.

En la cocina,
cerveza sin estrella
y fajitas de república.
En el balcón,
con las palmas hechas humo
y arrugas de cartón,
preguntaste:
«¿Viviremos para siempre?».
Este instante donde no te odio
vivirá,
y no para siempre.

Nos reímos de un queso
que se pudría en el sótano.
Creo que no me meterán,
de nuevo,
en ninguna lavadora
que tenga ciclo eco.
Porque ahora soy
doble mujer y autoestima,
y eso no se lava.

En Ferdi 42 aprendí que
no seré escritora,
las primeras veces son suicidas,
el destino te abre
una sopa de sobre y apareces,
trece años después,
cocinándole un risotto a tu novio.

Pensaba que Ferdi
se desvanecería al irme,
pero la ocuparon nuestros fantasmas.
Te confieso:
al tuyo lo vi y le escupí al pasar.

Clemens-August-Straße 44

NETTO

Más que un supermercado,
un *statement*.

Frente a las máquinas de *Pfand*,
los tesoros:
frikadelle, carbonara de bote,
patatas sabor paprika,
sopa instantánea y kolsch.

Dieta de cenizas;
juegos del hambre
hasta la primavera.

Esta noche tocarás *Boys Don't Cry.*
Yo te miraré profundo,
y el resto de mortales llorarán,
sin entender
un romance
hecho para Platón y Cádiz.

Entre carne expirada tu revelación:
«Mi primer novio tenía 15 años más que yo».
Qué extraño,
qué pedante
que aún te odie.

Mi revelación:
Me pillo de supermercados
y soy promiscua.
Edeka estaba a cinco minutos de casa.
Te pusimos los cuernos
y a mí me rompiste los huevos.

Ippendorfer Allee 135

PIZZA LOS VIERNES

A veces soy tita Alba,
pero la mayoría soy la foto
que huele a polvo
y destierro
en el salón de mi abuela.

Todo inmigrante
es piel de gotelé,
plastilina en manitas
que no te modelan.
Trazas de baldosas,
arena en los riñones,
eco de despedidas en los oídos.
Carpetas forradas
en un maletín del trastero.

Dicen que tengo
los ojos de mi madre.
Es mentira.
Los ojos de mi madre están
en Barcelona,
y quien se imagina un río púrpura

en las muñecas
soy yo.

Me lleno de urticaria,
pensando que mis hijos sean imbéciles
y digan «mi madre es española»
en su cita de turno.

Esto es mi Erasmus,
pero entenderé
que los pulmones se pudren a cada año
que pierden tus padres.

La distancia es mancha
de humedad que come las costillas
y convierte los domingos
en un quiero y no puedo,
porque me encerré
en cinco zonas horarias.

Por eso
me refugio en tus galletas,
mientras vemos los MTV Awards.
Como inmigrante,
te abrazo cada viernes
sin palabras ni añoranza.

DAVIS

1. 198 Shields Avenue
2. Russell Boulevard
3. 173 Old Davis Road
4. 109 B Street
5. 520 Alvarado Avenue
6. 1411 Wake Forest Drive

198 Shields Avenue

OLSON HALL 105

Ellos son disparos
y yo,
ojeras e inquietud.

Antes de venir,
le dije al espejo: «Todo está bien»,
un mantra vacío
que·no me creo.

Soy la profesora.
Quince pizarras detrás de mí,
ninguna me salvará,
si el imbécil de turno
llega con aliento de sangre
—no es la primera vez
que llamo a la policía
en este pueblo de cucarachas—.

«Todo está bien».
Mi vulnerabilidad es mi escudo.
Pienso en ti
y en estas cuatro ventanas

de mentira
—todo es falso en EE. UU.—
que huelen a tu *french press.*
Acarician un final que tardaré en contarte.

Los alumnos
se derriten en las sillas.
No me humanizan.
Soy poco más
que una figurante en su vida,
y doy a la nada,
como estas cuatro ventanas
que huelen a tu champú de coco.

Pero en verdad soy humana.
Ayer no dormí,
porque cantabas en sueños,
no aguanto el melodrama de tu madre
y echo de menos a la mía.

Pruébame
que Barcelona existe,
págame una pizza familiar
y un nuevo tatuaje que escueza
como una bofetada
un 10 de mayo.

En la pizarra escribo
un futuro que nadie
recordará en tres años.

Russell Boulevard

WOLFSKILL RESERVE STATE OLIVE OIL

Davis y sus olivos,
creciendo en resiliencia.

Espectros de gigante.
Protectores,
perspicaces,
y sin control de nada,
como mi padre
roncando a 9462 kilómetros.
En sus troncos
dormía mi paz.

Oro líquido bajándome
por los codos
hasta los pedales.
Del trabajo a Sophia's,
del ensayo a Sacramento,
de Gina directa a Dani,
de Marta y sus gatas,
a Miguel y su café favorito.
Los olivos me traen sus rostros,
porque ellos eran mi casa.

A mi madre la vi cortándose los rizos,
y los boquerones
de mi abuela
se frieron
dentro de esos olivos.
En el suelo saltaban
los huesos.
Mi angustia entró en coma
en sus hojas,
porque los olivos oían,
pero no escuchaban.
Les avergonzaban mis miedos
y les asustaban
tus ganas de morir.
Las mías,
se las ocultaba.

Te desvaneciste
y los olivos quedaron.
Me rompiste y ahí seguían.
Yo ya soy fantasma,
pero seguro que el que me robó la bici
sigue cruzando mis olivos.
Su tierra guarda
cientos de ojitos negros,
porque ahí nada crece,
solo mi melancolía.

173 Old Davis Road

KIA SOUL

Años después lo seguía encontrando.
Al volante,
espectros pelirrojos,
señores aguiluchos
que no eran tú.

Como escuchar pasos
en un hotel fantasma.
Mi monolito carmesí
a unos días de terror.
Descosida,
empapada
y tan llena de vida.

El que pudo ser mi coche
fueron catorce horas de conducción.
Luego el examen
en el coche de Diego.
El milagro fue no arrollar a un ciclista.
Esto no es Barcelona,
y menos mal.

Me saqué el carnet
y lo enterré en un convento,
porque me aterra
ponerme al volante
y sentir tus dedos de parca
pudriéndome el alma
en el puto coche rojo.

109 B Street

ENTRE LA B Y LA PRIMERA HAY

ruinas.

Un templo azteca
de tacos de camarón.
Ahora los menús
se suicidan de la pared,
pero fue mi lugar seguro.

En este mausoleo
me enamoré
de las tostadas
y de tu chaqueta de cuero,
me prometí
no borrar EE. UU. del mapa.
Salvé almuerzos, cenas
y alguna borrachera posbomba.

Me ha visto cantante, amante,
profesora y, sobre todo,
mi combo favorito
de melancolía, ansiedad,
y quesadillas (solo queso).

Me enseñó que trae mala suerte
pedir tacos
en una primera cita
y que el amor te asalta con la boca llena,
los dedos en salsa de chile.

Mi cielito lindo lejos del D. F.
y del Mediterráneo.
Los mariachis te lloran
igual que al Forever 21 y al World Market
—Davis será un pueblo fantasma—.
Los ángeles ya no te aguantan
y sé que no queda cilantro,
porque mastiqué
tus cristales
y me sabían a sangre,
no a jabón.

Cuando se fue la Catrina,
yo la seguí tres pasos.
Al cuarto ella se lanzó al sur
y yo me volví camino Santiago.

520 Alvarado Avenue

I. 2 DE JUNIO DE 2018

Que la ansiedad
me arranque la cabeza.

Me hace sentir
desahuciada,
en una tierra que no es mía,
en un alma que no entiendo
ni puedo satisfacer,
en un cuerpo
del que emergen huesos,
cajones y hormigas,
como los que pintaba Dalí
o algún pintor surrealista
menos cliché
a gusto de gafapastas.

No es así siempre,
sobre todo desde que él
o las pastillas no están.
A veces me pregunto
si de verdad se han ido,
si puedo echarle la culpa

de echar de menos al primero
a la ausencia del segundo.

Los poemas de un sábado de junio
deberían quemarse
tras escribirse.

II. 26 PRIMAVERAS

> *I've been to Hollywood, I've been to Redwood*
> *I crossed the ocean for a heart of gold*
> *«Heart of Gold»*, NEIL YOUNG

Igual que en esa peli de Julia Roberts,
te quedas unas horas
para follar como locos,
hablarnos de cualquier cosa,
menos esos siete años
que aún no te he contado.

Olvidemos
que nos conocimos en Tinder.
Todavía me sorprende
encontrar en tus labios
todo lo que he buscado,
todo en lo que no creo.

Dice la leyenda
que escuchamos a Neil Young,
que los ojos
se me volvían terciopelo,
que te lanzabas
con mis caderas al fin del mundo.
Y tirando de tópicos,
quise que el tiempo se parara
y explicarte
que la casualidad no existe,
pero me dejaste muda.

Por alguna razón,
nos tumbamos en Cowell Street
a las dos de la mañana
y te miré los ojos tan azules
o tan grises
como el mar en Santa Mónica,
plagado de turistas
y adolescencia frustrada.
Todo este sinsentido,
porque me quedaría
oliéndote el pelo una vida más,
viéndote fumar mientras cantas
through the Davis country roads.

Hoy me tienes
danzando en mis 26 primaveras
y en todas tus lunas llenas.

III. TODO LO QUE ME HAS HECHO

el ovillo de inseguridad
en el que me has convertido,
las heridas que has firmado
y no sabía que existían,
traspasarán mis órganos,
lo térreo,
lo etéreo,
lo oblicuo,
y me acompañarán en cada nuevo ahogo.

Y lo que me has dado,
el nirvana que se cría
entre tus ojos
desde que viste la luz del olimpo,
lo guardo tan cerca de mi alma,
que si alguna vez morimos
navegando este pasado,
te seguiré hasta la tumba.

Allí me dormiré,
perdida entre la locura
y el amor romántico,
cada sílaba acariciándote las mejillas,
porque al final,
esa será la única forma de tocarte.

IV. ROMEO

Te hubiera dado
hasta la última gota de lluvia
para evitar tu sequía.

Ahora que un *imprevisto*
me vuelve incógnita
frente al espejo,
ahora que abrí las ventanas
y el verano se lleva
las promesas rancias
que derramaste en mi cuarto,
se me agota el asma.

Ayer encontré mi cuerpo
desparramado
en las carreteras que atravesamos
mientras sonaba *Heart of Gold*.
Carreteras sin farolas,
tripas de hormigón que nunca
me llevarán a casa.

Take me home, country roads.

Nunca
me llevarás
a casa.

Sé que me encontrarás de nuevo.
Me clavarás las uñas
y te recibiré gacela.
Débil frente a tu violencia,
como nuestra primera vez.
Tu puta sonrisa
y esa chaqueta de cuero.

You're the devil in disguise
(oh, yes, you are)
But I'll find my peace of mind.

Para recuperar mi reino
no necesito melatonina,
sexo,
ni dolor
—aunque me acompañará siempre—.
Tengo días como milenios
y una baraja de Rider
para erigirme emperatriz
sin sacerdote.

`1411 Wake Forest Drive`

OHIO IS FOR LOVERS

Llueve y la alfombrilla
se pudre afuera.
Tu nombre todavía
en el buzón.
Las sábanas apestan a tus traumas
y yo parezco viva,
pero estoy
en cuidados intensivos.

Te volviste
a donde te rompieron
después de romperme mil veces.
Te llevaste dos almas en el maletero.
Te lo agradeceré toda la vida.
Jamás te perdonaré.

Llueve y tengo miedo,
porque te habías ido

          (pero aún no lo sabía).

Temo aparecer en las noticias,
ser esa que no lo contó

          (pero lo estoy contando).

Te has ido
y, aunque las dudas me matan,
prefiero que lo hagan ellas.

Tus arañazos aún escuecen
y no sabes cuánto quiero vivir por eso.
Te olvidaré rápido.
Me tropiezo ciega
con lo bueno,
porque ya no existe.

El *gaslighting*,
los gritos,
los siete años robados,
se me multiplican
como nódulos en la garganta.

Solo en estas cuatro paredes
tengo tu ausencia,
porque fuera está Davis.
La ciudad es mi abrigo.
Soy más
que una fecha en el calendario.
Tú, solo humo de un incendio forestal.
Una colilla que pronto quemará
los labios de otra infeliz.

Llueve y la alfombrilla
se pudre afuera.
Tu nombre todavía en el buzón.
Te llevaste dos almas,
pero ¿y qué?
La mía la escondí bajo la cama
después del último portazo.

CUERPO

ROSAS EN MARZO

.

I myself was a wilted woman
Drowsy in a dark room
Forgot my roots
Now watch me bloom
«Roses/Lotus/Violet/Iris», HAYLEY WILLIAMS

Mi cuerpo
  es
    más
     puntual
    que
   yo.
Apenas si respiro,
pero todavía me visita.
Hace años brindaba
con mi regla
por cada embrión descarriado.
Ahora se vuelve amante
y me regala rosas
cuando sabe que las odio.

Se supone que la ansiedad la afecta
—la ansiedad
afecta a todo—.
La del láser dice
si estoy estresada,
porque el vello ha vuelto.
La psicóloga pregunta
cómo va la ansiedad;
lo inamovible no se va.

Se supone
que es temporal.
Pero mastica mis pulmones
desde hace tres décadas.
Tantas veces soy okupa
en mi propia casa.

Mi cuerpo no es un templo.
Es un conejo
     con una brida
       al cuello.
        Tirando
      se ahoga a pocos.
Y eso le pone.

Los órganos tienen memoria,
por eso
aún aprieto el estómago
en mis citas Tinder.

Porque quién querría
digerirme así,
tan pequeña
y ocho metros
de intestino.
Mejor devorarse
y hacer espacio.

Apenas si respiro
desde que me cosificaron.
Años sobreviviendo
a base de payasos
que —ahora lo sé—
olían el desespero
bajo mi perfume de vainilla.

Apenas respiré hasta ayer,
porque este cuerpo
es mi barco
y aquí dentro llevo estos versos.
Mis ganas de vivir
no son para ellos,
ni para ti.
Son para liberarme.
Liberarla.

Alba,
te abrazo por tanto.